3.-6. Schuljahr

Waldemar Mandzel & Autorenteam Kohl-Verlag

# 15 Bildergeschichten

# ... für die Osterzeit

www.kohlverlag.de

# 15 Bildergeschichten

## ... für die Osterzeit

1. Auflage 2023



Illustrationen: Waldemar Madzel
Inhalt & pädagogische Ausarbeitung: Viktoria Weimann
Redaktion: Kohl-Verlag
Grafik & Satz: Simone Demler / Kohl-Verlag
Druck: farbo prepress GmbH, Köln

**Bestell-Nr. 12 969**

**ISBN: 978-3-98558-847-3**

## Der vorliegende Band ist eine Print-Einzellizenz

Sie wollen unsere Kopiervorlagen auch digital nutzen? Kein Problem – fast das gesamte KOHL-Sortiment ist auch sofort als PDF-Download erhältlich! Wir haben verschiedene Lizenzmodelle zur Auswahl:

| | Print-Version | PDF-Einzellizenz | PDF-Schullizenz | Kombipaket Print & PDF-Einzellizenz | Kombipaket Print & PDF-Schullizenz |
|---|---|---|---|---|---|
| Unbefristete Nutzung der Materialien | x | x | x | x | x |
| Vervielfältigung, Weitergabe und Einsatz der Materialien im eigenen Unterricht | x | x | x | x | x |
| Nutzung der Materialien durch alle Lehrkräfte des Kollegiums an der lizenzierten Schule | | | x | | x |
| Einstellen des Materials im Intranet oder Schulserver der Institution | | | x | | x |

Die erweiterten Lizenzmodelle zu diesem Titel sind jederzeit im Online-Shop unter www.kohlverlag.de erhältlich.

# Inhalt

# Vorwort

Mit Ostern verbinden wir nicht nur Jesus und die Auferstehung, sondern auch zwitschernde Vögel, erste blühende Blumen, wärmere Temperaturen, aber ebenso die Feiertage und Familienzeit. Es ist die Zeit im Jahr, in der wir uns zum ersten Mal wieder mehr draußen aufhalten – somit ist sie auch die Zeit, in der wir Aufregendes erleben.

Die Kinder können sich gut mit den Bildergeschichten identifizieren, indem sie genau diese alltäglichen Situationen aufgreifen. Die Geschichten sind einfach gehalten und eignen sich daher besonders für den Einstieg in das Thema „Bildergeschichte“. Der Titel der Geschichte bleibt offen, somit sind die SchülerInnen selbst aufgefordert, den Geschichten einen Titel zu geben. In den Lehrerhinweisen finden sich jeweils eine kurze inhaltliche Zusammenfassung sowie Überlegungen zur Didaktik. In den allermeisten Fällen lassen sich die Geschichten auch fächerübergreifend einsetzen. Auch gibt es dort konkrete Hilfen, die den SchülerInnen an die Hand gegeben werden können: Wichtige Begriffe, die in der Geschichte vorkommen sowie gezielte Fragen zu den einzelnen Bildern, die dabei helfen, den roten Faden der Geschichte zu erzählen. Ergänzt werden die Hinweise durch entsprechende Redewendungen, Sprichwörter und Weisheiten, die zur jeweiligen Geschichte passen.

Viel Spaß bei der kreativen Umsetzung der Bildergeschichten wünschen Ihnen

***Waldemar Mandzel & das Autorenteam des Kohl-Verlages***

# Ideenkiste

Die Bildergeschichte wird nur bis zu einem entsprechenden Zeitpunkt vorgestellt, sodass über den Fortgang spekuliert wird.

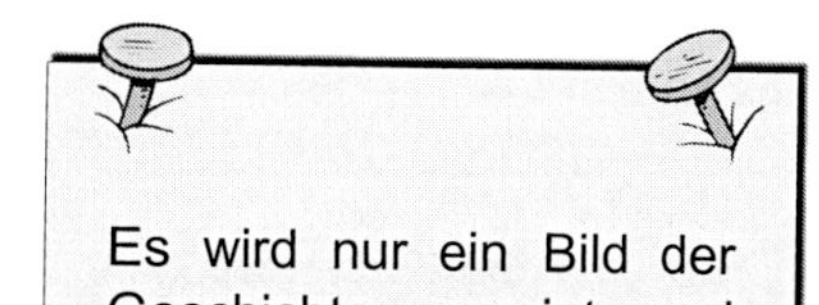

Es wird nur ein Bild der Geschichte gezeigt und gefragt, wie es zu dieser Situation kommen konnte.

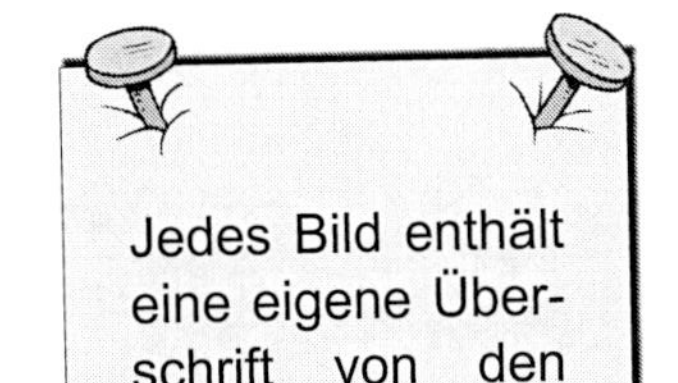

Jedes Bild enthält eine eigene Überschrift von den Schülern.

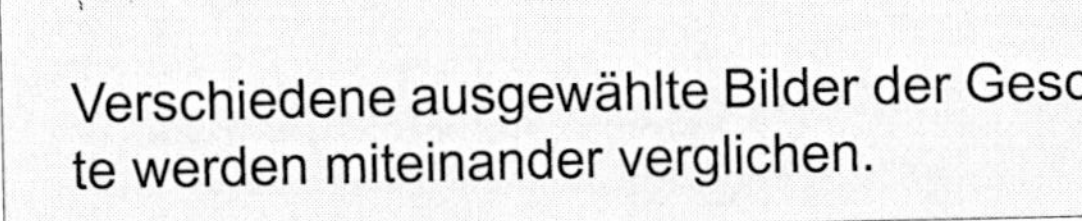

Verschiedene ausgewählte Bilder der Geschichte werden miteinander verglichen.

Die Schüler fassen die Gedanken der beteiligten Personen in Worte, zum Beispiel in Sprechblasen wie in einem Comic.

Die Schüler schreiben eine Parallelgeschichte.

Die Schüler schreiben und erzählen aus verschiedenen Erzählperspektiven.

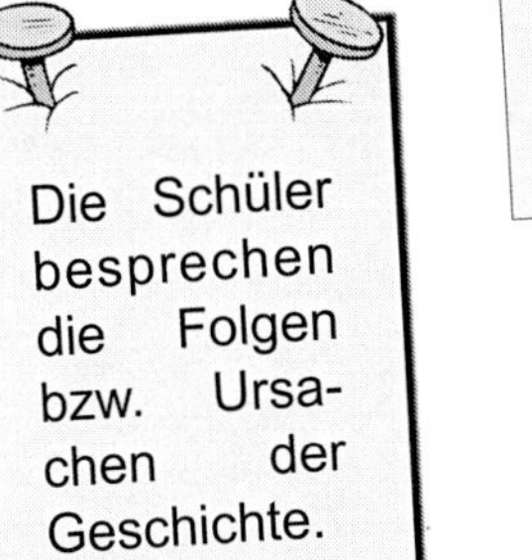

Die Schüler besprechen die Folgen bzw. Ursachen der Geschichte.

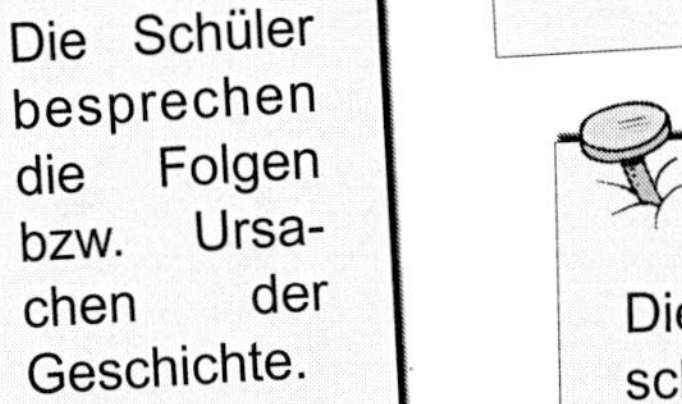

Die Schüler schreiben ein Theaterstück zu der Bildergeschichte.

Die Schüler erfinden Vorgeschichte und Ende.

Kopieren Sie die Bildergeschichte auf Folie und zeigen Sie diese als stiller Impuls Bild für Bild auf. Gedanken und Ideen der Schüler können hier besonders gut aufgegriffen werden.

Verteilen Sie verschiedene Bildergeschichten an Gruppen. Die einzelnen Gruppen haben nun die Aufgabe, zu jedem Bild 1-2 Sätze zu schreiben, die das Bild genau beschreiben. Die anderen Gruppen versuchen anschließend, das Bild aufgrund der Beschreibung zu malen.

Die Schüler können die Bildergeschichte als Rollenspiel nachspielen. Dazu können sie geeignete Dialoge entwerfen, also eigene Drehbücher schreiben.

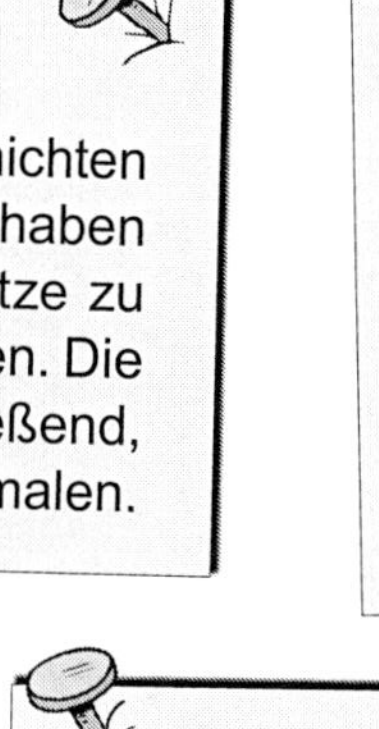

Teilen Sie die Klasse in verschiedene Gruppen auf und geben Sie jeder Gruppe nur eines der Bilder. Die Aufgabe der Schüler ist es, die Bilder genau zu beschreiben um den anderen anschließend ihre Gruppenergebnisse zum Bild zu präsentieren. Haben alle Gruppen präsentiert, lässt sich die Geschichte auch „zusammensetzen“.

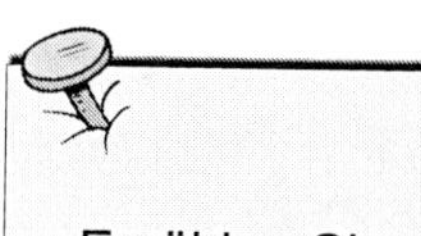

Hängen Sie die einzelnen Bilder der Geschichte im Klassenraum auf. Die Aufgabe der Schüler ist es nun, die Bilder so getreu wie möglich nachzumalen. Mehreres und genaues Hinschauen ermöglicht es den Schülern, die Bilder detailgetreu wiederzugeben. Diese Methode eignet sich besonders, um die Wichtigkeit von Kleinigkeiten hervorzuheben und ist mit einem Laufdiktat vergleichbar.

Erzählen Sie die Bildergeschichte mündlich und lassen Sie die Schüler die entsprechenden Bilder malen. Die Anzahl der zu verwendeten Bilder sollte hier vorgegeben werden.

Die Schüler können je nach Bildergeschichte eigene Experimente zum Thema Weihnachten machen. Was passiert beispielsweise, wenn man in Mehl niest?

Schneiden Sie aus der Bildergeschichte ein Puzzle und verteilen Sie es. Aufgabe der Schüler ist es, die richtige Reihenfolge zu ermitteln und die Geschichte zu präsentieren. Dies ist auch in Gruppenarbeit möglich.

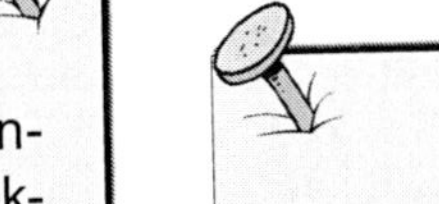

Alle Bilder werden auf einmal gezeigt. Anschließend wird die Methode „Brainstorming“ angewendet.

Lassen Sie die Schüler treffende Substantive (Nomen), Adjektive und Verben zu den Bildern finden, um die Bildergeschichte witziger und spannender gestalten zu können.

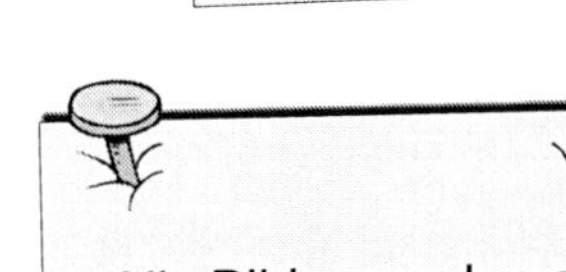

Kopieren Sie die Bildergeschichte mit Lücke. Entfernen Sie hierzu je nach Wissens- und Kenntnisstand der Schüler 1-2 Bilder aus der Bilderfolge. Die Aufgabe der Schüler kann es nun sein, die fehlenden Bilder zu ergänzen. Dies kann in schriftlicher Form, aber auch in Form eines Bildes geschehen.

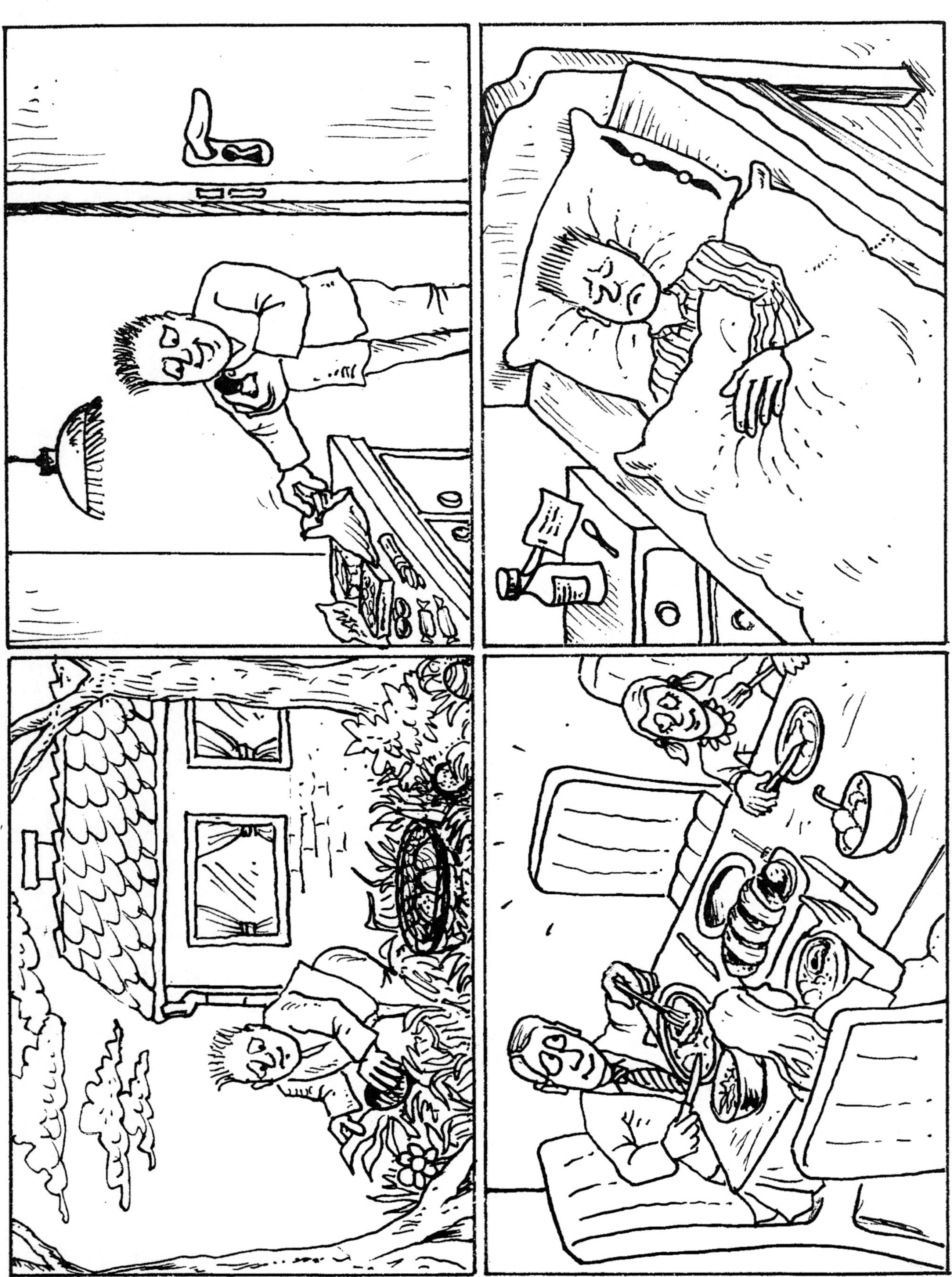

# 1 Bauchschmerzen

**Fächer:**

Deutsch, Ethik/Religion, Sachunterricht, Gesundheitserziehung…

**Inhalt:**

Nach dem Ostereiersuchen am Morgen des Ostersonntags geht Julian heimlich Naschen. Wahrscheinlich weiß er, dass er das eigentlich nicht darf. Als es dann zum Mittagessen den großen Ostersonntagsbraten gibt, liegt Julian mit Bauchschmerzen im Bett.

**Methodisch-didaktische Überlegungen:**

Die Geschichte eignet sich vor allem, wenn es um das Thema gesunde Ernährung geht. Aber auch das Einhalten von Regeln wird hier thematisiert. Julian nascht heimlich, daher weiß er vermutlich, dass er das nicht darf. Gleichzeitig stellt sich auch die Frage, ob Kinder sich ab einem gewissen Alter auch ohne ständiges Erinnern verantwortungsvoll verhalten können. Es entsteht ebenso die Gelegenheit, über eigene Erlebnisse zu berichten und zu erzählen, wie das Thema Süßigkeiten in der eigenen Familie gehandhabt wird.

**Sprichwörter und Weisheiten:**

Kleine Sünden bestraft der liebe Gott sofort!

Lügen habe kurze Beine!

**Wichtige Begriffe:**

Süßigkeiten, heimlich, naschen, Bauchschmerzen

**Mögliche Erzählperspektiven:**

Es kann aus der Sicht von Julian, von Mara, der Mutter, des Vaters oder eines Erzählers erzählt werden.

**Impulse zu den Bildern:**

Bild 1: Wer ist zu sehen? Wo befindet sich der Junge und was macht er?
Bild 2: Was macht der Junge? Warum ist er alleine?
Bild 3: Welche Personen sind jetzt zu sehen und was tun sie?
Bild 4: Wer ist jetzt zu sehen? Welche Gegenstände sind auf dem Bild? Wie ist der Gesichtsausdruck des Jungen?

**Weiterführende Fragen:**

Sollten die Eltern Konsequenzen ziehen, und wenn ja, welche?
Wie könnte in Zukunft das Thema „Süßigkeiten“ in der Familie geregelt werden?

# 2 Das Vogelei

**Fächer:**

Deutsch, Sachunterricht ...

**Inhalt:**

Am Ostersonntag suchen Mara und Julian Ostereier im Garten. Plötzlich finden sie ein kleines Ei, ein Vogelei. Sie suchen das dazugehörige Nest und legen das Ei zu den anderen Eiern hinein. Einige Tage später sind aus den Eiern kleine Küken geschlüpft.

**Methodisch-didaktische Überlegungen:**

Die Geschichte kann gut mit dem Thema „Heimische Vögel“ verbunden werden: Wann ist Brutzeit? Wie lange dauert es, bis die Küken schlüpfen? Wie werden die Jungen aufgezogen? ... Des Weiteren bietet die Geschichte die Möglichkeit, über eigene Erlebnisse mit gefundenen Jungvögeln/Wildtieren allgemein zu berichten.

**Redewendungen, Sprichwörter und Weisheiten:**

Das Gelbe vom Ei

Wie aus dem Ei gepellt

Ende gut, alles gut!

**Wichtige Begriffe:**

Garten, Ostereier suchen, Vogelei, Nest, schlüpfen

**Mögliche Erzählperspektiven:**

Es kann aus der Sicht von Julian, von Mara oder eines Erzählers erzählt werden.

**Impulse zu den Bildern:**

Bild 1: Wo befinden sich die beiden Kinder und was machen sie? Was findet der Junge?
Bild 2: Was hat es mit dem Nest auf sich?
Bild 3: Was machen die Kinder nun?
Bild 4: Was ist zu sehen und um welchen Zeitpunkt handelt es sich wohl?

**Weiterführende Fragen:**

Was ist zu beachten, wenn man ein Wildtier findet?
Warum sind viele heimische Vogelarten bedroht?
Was kann man für den Schutz von Vögeln tun?

DU VERSTECKST DIE HASEN, ICH 10 EIER!
IHR KÖNNT SUCHEN KOMMEN!
...HASEN UND ELF EIER GEFUNDEN!
11?
EINS IST WOHL NOCH VOM LETZTEN JAHR!

# 3 Das vergessene Ei

**Fächer:**

Deutsch ...

**Inhalt:**

Die Eltern verstecken im Vorfeld zehn Osterhasen/Ostereier. Als Mara und Julian auf die Suche gehen, finden sie sogar elf Ostereier. Die Eltern sind zunächst ratlos. Sie denken kurz nach: Wahrscheinlich ist eins noch vom letzten Jahr! Alle lachen.

**Personen:**

Vater, Mutter, Julian, Mara

**Methodisch-didaktische Überlegungen:**

Diese Geschichte lädt zum Schmunzeln ein. Offensichtlich passiert auch Erwachsenen manchmal ein Fehler. Bevor die Kinder die Bildergeschichte bekommen, sollte allerdings sichergestellt sein, dass sie nicht mehr an den Osterhasen glauben. In einem weiteren Sinn könnte man mit den Kindern über ihre eigenen Erfahrungen bzgl. Situationen sprechen, in denen sie etwas verlegt und anschließend gesucht haben. Wir kennen es alle: Man sucht etwas, was man dringend benötigt, und kann es einfach nicht finden, beispielsweise in der Schule. Den Kindern ein paar Strategien (z. B. aufmerksamer sein in dem, was man tut; Ordnung halten; feste Plätze für Gegenstände haben) an die Hand zu geben, fördert die persönliche Kompetenz.

**Redewendungen, Sprichwörter und Weisheiten:**

Wer suchet, der findet.

Ordnung ist das halbe Leben.

Wer Ordnung hält, ist zu faul zum Suchen.

Aus den Augen, aus dem Sinn!

**Wichtige Begriffe:**

verstecken, 10 Eier, 11 Eier, ratlos, vergessen

**Mögliche Erzählperspektiven:**

Es kann aus der Sicht von Julian, von Mara, der Mutter, des Vaters oder eines Erzählers erzählt werden.

**Impulse zu den Bildern:**

Bild 1: Welche Personen sind zu sehen? Was tun sie gerade?
Bild 2: Was tun sie jetzt?
Bild 3: Wer ist nun zu sehen? Was passiert?
Bild 4: Was sagen die Kinder und warum sind die Eltern überrascht?
Bild 5: Warum lachen alle?

**Weiterführende Fragen:**

Wie gelingt es, dass man Dinge weniger verliert bzw. sie schneller wiederfindet?

ICH FREUE MICH MORGEN AUF DAS FRÜHSTÜCK...
DIE EIER SIND JA NOCH FLÜSSIG!
...DAS KOCHEN VERGESSEN?
MEINE IDEE: LECKERES RÜHREI!

# 4 Ostereier bemalen

**Fächer:**

Deutsch, Sachunterricht, Hauswirtschaft, Gesundheitserziehung, Biologie, Kunst ...

**Inhalt:**

Mara und Julian wollen ihren Eltern eine Freude bereiten und bemalen Ostereier. Am Ostersonntag servieren sie sie zum Frühstück. Als der Vater das Ei öffnet, ist es noch flüssig! Da haben Mara und Julian wohl vergessen, die Eier vorher zu kochen. Doch der Vater hat eine Idee: Aus den rohen Eiern kann man ein leckeres Rührei zubereiten.

**Personen:**

Vater, Mutter, Julian, Mara

**Methodisch-didaktische Überlegungen:**

Die Geschichte bietet die Gelegenheit, die Kinder über mögliche Gefahren beim Umgang mit rohen Lebensmitteln aufzuklären – ein wichtiges Thema, welches ihren unmittelbaren Alltag zu Hause betrifft. In Verbindung mit dem Kunstunterricht oder Hauswirtschaftslehre können auch selbst Ostereier bemalt werden.

**Sprichwörter und Weisheiten:**

Ei des Kolumbus

Wie aus dem Ei gepellt

Wie ein rohes Ei behandeln

Aus Fehlern lernt man!

**Wichtige Begriffe:**

Ostereier, bemalen, Frühstück, roh, kochen, Rührei, Pfanne, braten

**Mögliche Erzählperspektiven:**

Es kann aus der Sicht von Julian, von Mara, der Mutter, des Vaters oder eines Erzählers erzählt werden.

**Impulse zu den Bildern:**

Bild 1: Welche Personen sind zu sehen und was machen sie?
Bild 2: Was passiert? Wie sind die Gesichtsausdrücke?
Bild 3: Wer spricht?
Bild 4: Wo ist der Vater? Welche Lösung hat er? Wie ist sein Gesichtsausdruck?

**Weiterführende Fragen:**

Welche weiteren Lebensmittel können in rohem Zustand gefährlich sein?
Was sollte man beachten, um sich zu schützen?

ALS MARA WIEDER ZURÜCKKOMMT...
WO SOLLEN WIR JETZT NOCH SUCHEN?

# 5 Kaninchensuche

**Fächer:**

Deutsch, Sachunterricht, Ethik/Religion ...

**Inhalt:**

Mara und Julian holen ihr Kaninchen aus dem Käfig, um es zu streicheln. Anschließend setzen sie es wieder hinein. Als Mara wenig später zum Käfig kommt, ist dieser offen und das Kaninchen ist weg. Sie suchen überall. Schließlich finden sie das Kaninchen im Osternest, wo sich das Tier es sich gemütlich gemacht hat.

**Personen:**

Julian, Mara

**Methodisch-didaktische Überlegungen:**

Viele Kinder wünschen sich ein Haustier. Gleichzeitig sind sich viele aber nicht darüber im Klaren, welch große Verantwortung man für das Tier trägt. Diese Geschichte ist zwar gut ausgegangen. Aber büchst ein Tier beispielsweise im Gartengehege aus, könnte womöglich Schlimmeres passieren. So trägt die Geschichte dazu bei, bei den Kindern ein Bewusstsein für Verantwortung anzubahnen. Kinder, die bereits ein eigenes Haustier haben, können ergänzend dazu berichten.

**Redewendungen, Sprichwörter und Weisheiten:**

Wer suchet, der findet!

Aus Fehlern lernt man!

**Wichtige Begriffe:**

Käfig, Schloss, verriegeln, suchen, Osternest

**Mögliche Erzählperspektiven:**

Es kann aus der Sicht von Julian, Mara oder eines Erzählers erzählt werden. Interessant wäre eine Perspektive aus Sicht des Kaninchens.

**Impulse zu den Bildern:**

Bild 1: Wer ist zu sehen? Was machen die beiden?
Bild 2: Was machen sie nun?
Bild 3: Was ist passiert, als Mara wieder zurückkommt?
Bild 4: Was unternehmen Mara und Julian?
Bild 5: Wie endet die Geschichte?

**Weiterführende Fragen:**

Was hätte passieren können?
Welche Aufgaben hat man, wenn man sich um ein Haustier kümmern muss?



Lernen mit Erfolg KOHL VERLAG
15 Bildergeschichten ... für die Osterzeit - Best.-Nr. 12 969

6

# 6 Die Osterferien

**Fächer:**

Deutsch, Sachunterricht, Geografie ...

**Inhalt:**

Julian sitzt im Unterricht und denkt voller Vorfreude an die Osterferien, an das Osterfest und den bevorstehenden Frühling. Endlich kann man wieder draußen spielen. Doch leider ist es am Ostersonntag schließlich bitterkalt, Mara und Julian müssen die Ostereier im Schnee suchen. Das hat sich Julian aber anders vorgestellt!

**Personen:**

Mara, Julian, Lehrer

**Methodisch-didaktische Überlegungen:**

Das zentrale Thema dieser Bildergeschichte ist der Frühling. Sie bietet die Gelegenheit, über diese Jahreszeit und darüber, was die Kinder damit assoziieren, zu sprechen. Sie kann sowohl als Inspiration für das Verfassen eines Gedichtes im Fach Deutsch als auch fächerübergreifend in Kombination mit dem Fach Sachunterricht eingesetzt werden: Warum gibt es Jahreszeiten? Wie entsteht Schnee? Weitergedacht könnte man ebenso fragen, ob sich Julian vielleicht sogar über den Schnee freuen sollte angesichts des Klimawandels.

**Redewendungen, Sprichwörter und Weisheiten:**

Der Frühling kommt nicht an einem Tag.

April, April, der macht was er will.

**Wichtige Begriffe:**

(Geografie-)Unterricht, träumen, Sonne, Vögel, warm, enttäuscht, Schnee

**Mögliche Erzählperspektiven:**

Es kann aus der Sicht von Julian, Mara oder eines Erzählers erzählt werden.

**Impulse zu den Bildern:**

Bild 1: Wer ist zu sehen? Wo befindet sich der Junge?
Bild 2: Welcher Zeitpunkt ist auf dem Bild?
Bild 3: Wovon träumt der Junge?
Bild 4: Wer ist nun zu sehen? Wo sind sie? Welches Wetter herrscht?

**Weiterführende Fragen:**

Was verbinden wir mit dem Frühling?
Warum gibt es Jahreszeiten?
Wie entsteht Schnee?
Was ist der Klimawandel und wie wirkt er sich aus?



Lernen mit Erfolg KOHL VERLAG
15 Bildergeschichten
... für die Osterzeit - Best.-Nr. 12 969

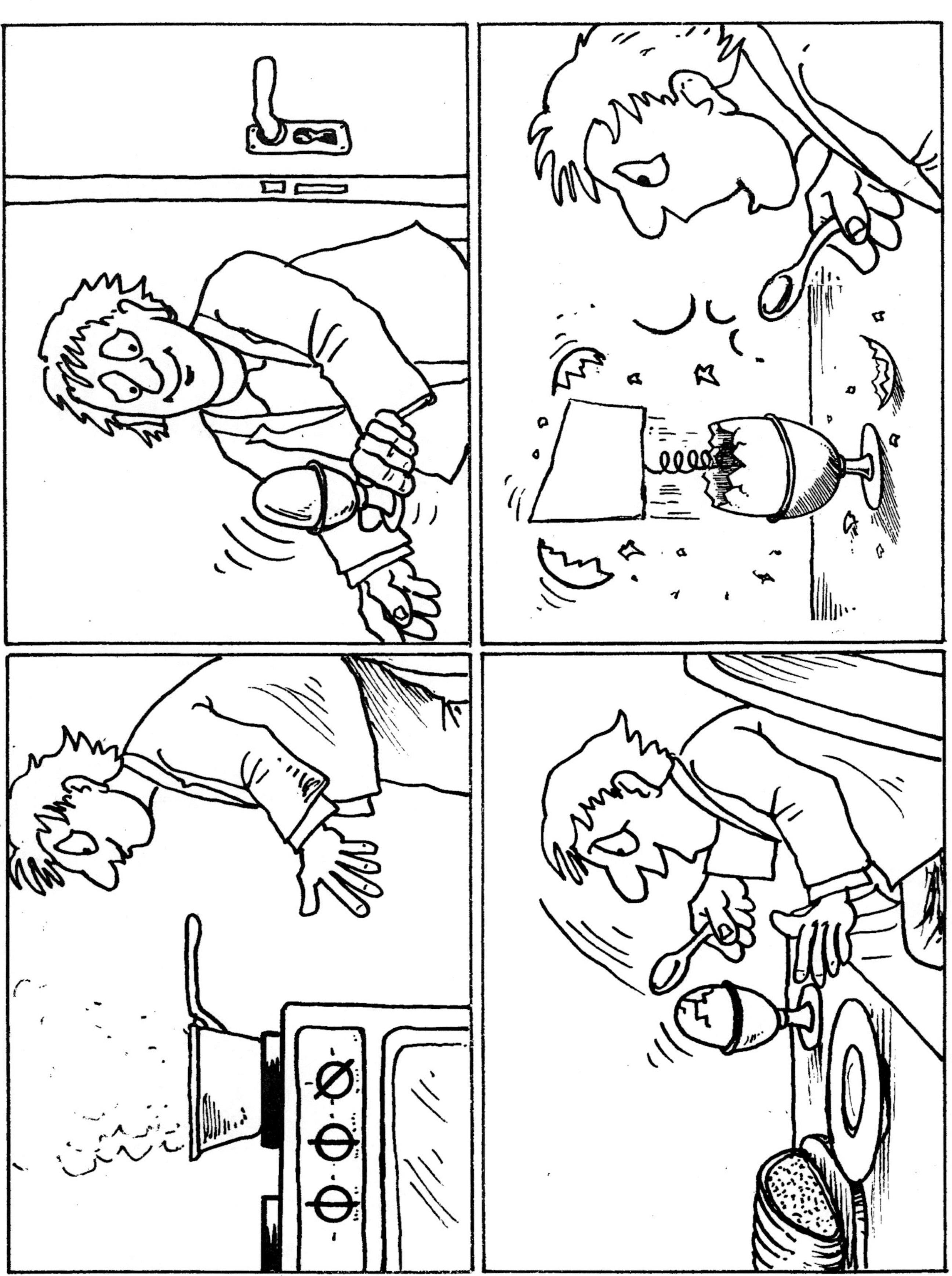

# 7 Die Ostereiüberraschung

**Fächer:**

Deutsch, Kunst ...

**Inhalt:**

Der Vater kocht sich ein Ei. Als er am Tisch sitzt und das Ei öffnet, wartet auf ihn eine Überraschung …

**Personen:**

Vater/Mann

**Methodisch-didaktische Überlegungen:**

Diese Geschichte hebt sich ein wenig von den anderen Geschichten ab, indem sie das Ende völlig offenlässt. Die Kinder können etwas auf das Schild zeichnen bzw. schreiben und sich dazu die passende Geschichte ausdenken. Auf diese Weise werden Kreativität und Fantasie angesprochen.

**Sprichwörter und Weisheiten:**

Wie aus dem Ei gepellt

Das Gelbe vom Ei

**Wichtige Begriffe:**

Herd, kochen, Tisch, Brot, aufschlagen, Überraschung, verdutzt, Schild

**Mögliche Erzählperspektiven:**

Es kann aus der Sicht des Vaters/Mannes oder eines Erzählers erzählt werden.

**Impulse zu den Bildern:**

Bild 1: Wer ist zu sehen? Was tut die Person?
Bild 2: Wohin geht der Mann?
Bild 3: Was tut er nun?
Bild 4: Was passiert jetzt und was ist auf dem Schild zu sehen?

**Weiterführende Fragen:**

Was könnte auf dem Bild zu sehen sein?

8

NOCH 40 TAGE BIS OSTERN
NUN BEGINNT DIE FASTENZEIT...

CHIPS
DROPS

...UND ICH VERZICHTE AUF ROSENKOHL UND BROKKOLI!

# 8 Fastenzeit

**Fächer:**

Deutsch, Religion/Ethik, Sachunterricht/Biologie, Gesundheitserziehung …

**Inhalt:**

40 Tage vor Ostern beginnt die Fastenzeit. Die Familie sitzt am Tisch und jeder erzählt, auf was er verzichten möchte: Die Mutter will auf Süßigkeiten verzichten, der Vater auf Alkohol, Mara auf Fleisch. Als Julian an der Reihe ist, sagt er: „Ich möchte auf Rosenkohl und Brokkoli verzichten!"

**Personen:**

Vater, Mutter, Julian, Mara

**Methodisch-didaktische Überlegungen:**

Die Geschichte ist im ersten Augenblick in erster Linie witzig. Sie lädt aber auch dazu ein, sich intensiver mit dem Sinn des Fastens zu beschäftigen. Zweifellos kann sie dazu beitragen, ein Bewusstsein für gesunde Ernährung zu schaffen. Gleichzeitig könnten im Unterricht aber auch weitere Möglichkeiten des Fastens besprochen werden: Verzicht auf das Handy, auf die Spielekonsole oder das Fernsehen. Außerdem bietet sich die Gelegenheit, über Bräuche in anderen Ländern und Religionen zu sprechen.

**Redewendungen, Sprichwörter und Weisheiten:**

Man ist, was man isst.

Schokolade ist Gottes Entschuldigung für Rosenkohl.

**Wichtige Begriffe:**

Fastenzeit, verzichten, Süßigkeiten, Alkohol, Fleisch

**Mögliche Erzählperspektiven:**

Es kann aus der Sicht von Julian, von Mara, der Mutter, des Vaters oder eines Erzählers erzählt werden.

**Impulse zu den Bildern:**

Bild 1: Wer ist zu sehen und wo befinden sich die Personen? Welche Zeit ist gerade?
Bild 2: Auf was will die Mutter verzichten?
Bild 3: Auf was will der Vater verzichten?
Bild 4: Auf was will Mara verzichten?
Bild 5: Auf was will Julian verzichten? Wie ist sein Gesichtsausdruck?

**Weiterführende Fragen:**

Auf welche weiteren Dinge kann man versuchen zu verzichten?
Welchen positiven Effekt kann es haben, zu fasten?

9

# 9 Der Bienenstich

**<u>Fächer</u>:**

Deutsch, Sachunterricht, Biologie ...

**<u>Inhalt</u>:**

Es ist Ostersonntag. Die Sonne scheint, es ist warm und die ersten Frühblüher sind da. Mara und Julian suchen Ostereier. Bei diesen warmen Temperaturen sind aber auch die Bienen wieder unterwegs. Als Mara zwischen die Blumen greift, wird sie von einer Biene ins Bein gestochen! Au, tut das weh! Jetzt heißt es kühlen und hochlagern. Für heute bleibt Mara verschont und muss nach dem Essen nicht helfen beim Aufräumen. Glück gehabt!

**<u>Personen</u>:**

Vater, Mutter, Julian, Mara

**<u>Methodisch-didaktische Überlegungen</u>:**

Alle Kinder kennen es: Sobald es warm wird, sind die ersten Insekten zu sehen. Aber was machen die Bienen denn im Winter? Wovon ernähren sie sich? Warum stechen sie und was passiert, wenn sie stechen? Diese und andere Fragen ergeben sich im Zusammenhang mit dieser Geschichte. Schließlich kann in diesem Zusammenhang auch darüber gesprochen werden, wie man sich in einem solchen Notfall verhält.

**<u>Redewendungen, Sprichwörter und Weisheiten</u>:**

„Wenn die Biene von der Erde verschwindet, hat der Mensch nur noch vier Jahre zu leben. Keine Bienen mehr, keine Bestäubung mehr, keine Pflanzen mehr, keine Tiere mehr, keine Menschen mehr.“ *(Albert Einstein)*

**<u>Wichtige Begriffe</u>:**

Frühblüher, Ostereier suchen, Biene, Stich, Stachel, kühlen, Bein hochlagern, verschont

**<u>Mögliche Erzählperspektiven</u>:**

Es kann aus der Sicht von Julian, von Mara, der Mutter, des Vaters oder eines Erzählers erzählt werden. Möglich wäre auch, aus der Sicht der Biene zu erzählen.

**<u>Impulse zu den Bildern</u>:**

<u>Bild 1</u>: Wer ist zu sehen? Was tun die Personen? Welche Jahreszeit ist gerade?
<u>Bild 2</u>: Was passiert?
<u>Bild 3</u>: Warum schreit Mara?
<u>Bild 4</u>: Was tun die Personen und warum hat Mara einen freudigen Gesichtsausdruck?

**<u>Weiterführende Fragen</u>:**

Wie leben Bienen?
Wovon ernähren sich Bienen?
Warum sind Bienen gefährdet und was kann man dagegen tun?
Wie verhält man sich in einem Notfall?

FÜR MARA

# 10 Das kleinste Geschenk

**Fächer:**

Deutsch, Religion/Ethik ...

**Inhalt:**

Dieses Jahr will auch Julian seiner Schwester etwas zu Ostern schenken und lässt sich etwas ganz Besonderes einfallen. Als Mara das große Geschenk erhält, freut sie sich riesig. Mit leuchtenden Augen packt sie es aus und siehe da: Darin befindet sich ein noch kleineres. Und auch in diesem befindet sich wieder ein kleineres Geschenk usw., bis schließlich ein Geschenk zum Vorschein kommt, das nicht mal so groß ist wie ihre Hand. Als sie es aufmacht, traut sie ihren Augen nicht: Ein Ei! Wütend gibt sie es ihrem Bruder in die Hand und läuft weg. Julian dagegen muss sich vor Lachen den Bauch halten.

**Personen:**

Julian, Mara

**Methodisch-didaktische Überlegungen:**

In dieser Geschichte steht das soziale Lernen im Mittelpunkt, indem Fragen aufgeworfen werden, die gemeinsam mit den Kindern besprochen werden können: Ist es gemein von Julian, seiner Schwester mit einem so großen Geschenk zuerst Hoffnungen zu machen? Sollte er aufhören zu lachen, als er sieht, dass seine Schwester wütend ist? Andersherum könnte man auch fragen: Sollte Mara einfach darüber hinwegsehen und über den Scherz mitlachen? Kinder in diesem Alter haben oft noch nicht das nötige Feingefühl dem Anderen gegenüber. Oft verstehen sie auch noch keine Scherze, die auf ihre eigenen Kosten gehen bzw. wenn es um die eigenen Bedürfnisse und Wünsche geht.

**Redewendungen, Sprichwörter und Weisheiten:**

Jemanden auf die Palme bringen.

Des einen Freud ist des anderen Leid.

Scherze, die schmerzen, sind keine!

Einem geschenkten Gaul schaut man nicht ins Maul.

**Wichtige Begriffe:**

Geschenk, riesig, Schachtel, winzig, wütend, schadenfroh

**Mögliche Erzählperspektiven:**

Es kann aus der Sicht von Julian, von Mara oder eines Erzählers erzählt werden.

**Impulse zu den Bildern:**

Bild 1: Wer ist zu sehen? Was passiert? Wie sind die Gesichtsausdrücke?
Bild 2+3: Was passiert nun?
Bild 4: Was hält Mara zum Schluss in der Hand? Wie ist ihr Gesichtsausdruck?
Bild 5: Was macht Mara und wie verhält sich Julian?

**Weiterführende Fragen:**

Ist die Idee von Julian gemein? Sollte er aufhören zu lachen?
Ist die Reaktion von Mara verständlich oder sollte sie über diesen Scherz ihres Bruders hinwegsehen?

NIRGENDWO EIER
ZU FINDEN!

# 11 Die verschwundenen Eier

**Fächer:**

Deutsch, Sachunterricht ...

**Inhalt:**

Nach dem Osterfrühstück geht die Familie in den Garten zum Ostereiersuchen. Julian und Mara suchen überall, doch sie können nichts finden. Da hat es der Osterhase den beiden aber wirklich schwer gemacht. Als Julian weiter ums Haus geht, sieht er plötzlich Eierschalen auf dem Boden und folgt der Spur. Plötzlich hört die Spur auf und siehe da: Am Ende der Spur sitzt Bello mit verschmierter Schnauze und wedelndem Schwanz.

**Personen:**

Vater, Mutter, Julian, Mara

**Methodisch-didaktische Überlegungen:**

Die Geschichte ist in erster Linie zum Schmunzeln. Hintergründig spielt aber das Thema Haustierhaltung eine Rolle. Vielleicht handelt es sich hier nur um eine Bagatelle, aber grundsätzlich kann diese Geschichte zum Anlass genommen werden, über die Verantwortung bei der Haltung von Haustieren zu sprechen. Diese fängt beim Füttern und (im Falle von Hunden) spazieren gehen an und hört beim Thema Erziehung auf.

**Redewendungen, Sprichwörter und Weisheiten:**

Gelegenheit macht Diebe.

Wer zuerst kommt, mahlt zuerst.

Die Gunst der Stunde nutzen.

**Wichtige Begriffe:**

Ostereier suchen, Spur, Eierschalen, zurückgezogen

**Mögliche Erzählperspektiven:**

Es kann aus der Sicht von Julian, von Mara, der Mutter, des Vaters oder eines Erzählers erzählt werden. Möglich wäre auch, aus der Sicht des Hundes zu erzählen.

**Impulse zu den Bildern:**

Bild 1: Welche Personen sind zu sehen und was machen sie?
Bild 2: Was passiert?
Bild 3: Was entdeckt Julian?
Bild 4: Was findet Julian vor?

**Weiterführende Fragen:**

Was ist beim Zusammenleben mit Haustieren zu beachten?

ZUCKER
SALZ
1. APRIL
¡GITT ¡GITT!
DAS HABEN WIR JETZT DAVON!

# 12 Erster April

**Fächer:**

Deutsch, Ethik/Religion ...

**Inhalt:**

Es ist der erste April. Mara und Julian wollen ihren Eltern einen Streich spielen: Vor dem Frühstück füllen sie in den Salzstreuer heimlich Zucker. Kurz nachdem der Vater genüsslich in sein Osterfrühstücksei beißt, verzieht er sein Gesicht. Die beiden Kinder lachen. Sie können es kaum erwarten, nach dem Frühstück auf Ostereiersuche zu gehen. Als sie jedoch die Schuhe anziehen wollen, wartet eine kleine Überraschung auf sie: Die Schnürsenkel sind verknotet! Das Entwirren dauert ganz schön lange. Während die Kinder etwas verärgert sind, hat nun der Vater seinen Spaß.

**Personen:**

Vater, Julian, Mara

**Methodisch-didaktische Überlegungen:**

Nicht alle Kinder können darüber lachen, wenn auf ihre Kosten gescherzt wird. Dabei ist es wichtig, auch mal über sich selbst lachen zu können. Diese Geschichte gibt Anlass, über die Grenzen von Streichen zu diskutieren: Was ist harmlos und lustig und wann hört der Spaß auf? Außerdem kann mit den Kindern über eigene Erfahrungen und Erlebnisse gesprochen werden.

**Redewendungen, Sprichwörter und Weisheiten:**

Wer anderen eine Grube gräbt, fällt selbst hinein!

**Wichtige Begriffe:**

Salz, Zucker, vertauschen, erster April, Rache, Schnürsenkel

**Mögliche Erzählperspektiven:**

Es kann aus der Sicht von Julian, von Mara, des Vaters oder eines Erzählers erzählt werden.

**Impulse zu den Bildern:**

Bild 1: Welche Personen sind zu sehen? Was machen die beiden?
Bild 2: Welches Datum ist zu sehen? Was macht der Vater?
Bild 3: Wie sind die Gesichtsausdrücke der drei Personen?
Bild 4: Wie reagiert der Vater auf den Streich?
Bild 5: Wie sind die Gesichtsausdrücke der drei Personen jetzt?

**Weiterführende Fragen:**

Wann sind Streiche lustig und wann nicht mehr?

13

# 13 Das Osterlamm

**Fächer:**

Deutsch, Ethik/Religion, Hauswirtschaft ...

**Inhalt:**

Die Familie ist bei den Großeltern zum Osterkaffee eingeladen. Die Mutter backt dafür ein Osterlamm. Als sie bei den Großeltern ankommen, steht auf dem gedeckten Tisch bereits ein Osterlamm. Alle lachen.

**Personen:**

Vater, Mutter, Julian, Mara, Oma, Opa

**Methodisch-didaktische Überlegungen:**

Viele Kinder kennen es von zuhause oder auch vom Bäcker: das Osterlamm. Aber welche Bedeutung hat es eigentlich? Es ist eines der bekanntesten Symbole für Ostern. Daher eignet sich die Geschichte hervorragend für den Religionsunterricht. In Kombination mit dem Fach Hauswirtschaftslehre kann zusammen mit den Kindern ein Osterlamm gebacken werden. Eine weiterführende Frage in diesem Zusammenhang ist, ob die Kinder auch schon mal geschenkt haben, was der oder die andere schon besitzt. Waren sie enttäuscht? Wie reagiert man in einer solchen Situation? Oder aus der anderen Perspektive: Wie reagiert man dem anderen gegenüber, der sich Mühe gegeben hat, ohne ihn zu verletzen?

**Redewendungen, Sprichwörter und Weisheiten:**

Doppelt hält besser!

**Wichtige Begriffe:**

Osterlamm, backen, Besuch, Überraschung, Tisch, doppelt, lachen

**Mögliche Erzählperspektiven:**

Es kann aus der Sicht von Julian, von Mara, des Vaters, der Mutter, des Opas, der Oma oder eines Erzählers erzählt werden.

**Impulse zu den Bildern:**

Bild 1: Wer ist zu erkennen und was machen die Personen? Was ist noch zu sehen?
Bild 2: Was passiert jetzt?
Bild 3: Was machen die Personen jetzt und wie sind die Gesichtsausdrücke?
Bild 4: Wohin ist die Familie unterwegs?
Bild 5: Welche Überraschung ist zu sehen und wie verhalten sich die Personen?

**Weiterführende Fragen:**

Wie ist es, jemandem etwas zu schenken, das er schon besitzt?
Wie reagiert man, wenn man ein Geschenk doppelt bekommt?

14

FASCHINGSKOSTÜME
...LEIDER ETWAS ZU TEUER!
40,-
ABER ICH HAB' EINE IDEE!
40,-

# 14 Das Faschingskostüm

**Fächer:**

Deutsch, Religion/Ethik, Hauswirtschaft, Sachkunde, Geschichte ...

**Inhalt:**

Fasching steht vor der Tür. Als Julian und seine Mutter zum Einkaufen in der Stadt sind, sieht Julian im Schaufenster ein tolles Piratenkostüm, das er unbedingt haben möchte. Weil es aber zu teuer ist, kann er es nicht haben. Julian ist traurig. Seine Mutter hat aber eine Idee: Bis zum Rosenmontag sind es noch fünf Tage, also noch genug Zeit, um ein Kostüm zu nähen! Als die Mutter ihren Sohn pünktlich mit dem Kostüm überrascht, ist Julian überglücklich. Das selbstgenähte Piratenkostüm ist sogar viel cooler!

**Personen:**

Mutter, Julian

**Methodisch-didaktische Überlegungen:**

Sicherlich kennen viele Kinder diese Situation: Sie möchten etwas unbedingt haben, aber sie bekommen es aus irgendwelchen Gründen nicht. Kinder kennen oft den Wert von Geld noch nicht. Diese Geschichte lehrt uns Bescheidenheit und auch, dass nicht immer nur das Gekaufte einen Wert hat, sondern dass man mit etwas Können und Fantasie etwas Neues, vielleicht sogar Besseres, schaffen kann.

**Redewendungen, Sprichwörter und Weisheiten:**

Glück ist Selbstgenügsamkeit. *(Aristoteles)*

Kommt Zeit, kommt Rat!

**Wichtige Begriffe:**

Fasching, Piratenkostüm, zu teuer, Idee, selbst nähen, Überraschung, strahlen

**Mögliche Erzählperspektiven:**

Es kann aus der Sicht von Julian, der Mutter oder eines Erzählers erzählt werden.

**Impulse zu den Bildern:**

Bild 1: Wer ist zu sehen und wo befinden sich die beiden? Was schauen sie sich an? Was sagt die Mutter?
Bild 2: Was sagt die Mutter und wohin gehen sie anschließend?
Bild 3: Was passiert jetzt?
Bild 4: Warum strahlt der Junge?

**Weiterführende Fragen:**

Auf welche anderen Situationen in unserem Leben ist diese Geschichte übertragbar?

AUA!

# 15 Das Igelhaus

**<u>Fächer</u>:**

Deutsch, Sachunterricht, Biologie, Technik ...

**<u>Inhalt</u>:**

Julian und Mara suchen Ostereier. Sie zu finden ist gar nicht so einfach, denn der Osterhase hat sich richtig schwierige Verstecke ausgesucht. Als Mara in dem Laubhaufen sucht, schreit sie plötzlich laut: „Aua!“ Die Familie läuft schnell zu Mara. Als sie genauer hinsehen, ist da ein Igel! Er liegt zusammengerollt und ist noch in seinem Winterschlaf. Dieses Ereignis nimmt die Familie zum Anlass, ein Igelhaus zu bauen, in dem er im nächsten Winter überwintern kann.

**<u>Personen</u>:**

Vater, Mutter, Julian, Mara

**<u>Methodisch-didaktische Überlegungen</u>:**

Alle Kinder kennen Igel und die meisten haben auch schon einen gesehen. Aber was machen Igel eigentlich im Winter? Wovon ernähren sie sich? Und warum haben es die Igel bei uns so schwer? Diese und andere Fragen ergeben sich im Zusammenhang mit dieser Geschichte. Sie bietet außerdem die Gelegenheit, sich näher damit zu beschäftigen, was im Ernstfall zu tun ist, wenn man einen Igel findet. Darüber hinaus kann die Geschichte gut in den Technikunterricht einbezogen werden: Die Kinder bauen auf der Grundlage ihres Wissens selbst ein Igelhaus (beispielsweise für den Schulgarten).

**<u>Redewendungen, Sprichwörter und Weisheiten</u>:**

Wer wirklich etwas Gutes tun will, findet einen Weg; die anderen finden eine Ausrede.

**<u>Wichtige Begriffe</u>:**

Laub, zusammengerollt, Idee, Igelhaus, Plan, Werkzeug

**<u>Mögliche Erzählperspektiven</u>:**

Es kann aus der Sicht von Julian, von Mara, der Mutter, des Vaters oder eines Erzählers erzählt werden. Möglich und sicherlich interessant wäre auch, aus der Sicht des Igels zu erzählen.

**<u>Impulse zu den Bildern</u>:**

<u>Bild 1</u>: Welche Personen sind zu sehen? Was passiert?
<u>Bild 2</u>: Was ist der Grund, warum Mara geschrien hat?
<u>Bild 3</u>: Welche Idee hat die Familie?
<u>Bild 4</u>: Was machen die Personen jetzt? Was benötigt die Familie dafür?

**<u>Weiterführende Fragen</u>:**

Wie leben Igel?
Was ist zu tun, wenn man einen Igel findet?
Wie muss ein Igelhaus gebaut sein, damit es den Ansprüchen eines Igels genügt?



KOHL VERLAG Lernen mit Erfolg
15 Bildergeschichten ... für die Osterzeit - Best.-Nr. 12 969

## Ostern

Patrick Grasser

### Warum wir Ostern feiern

*Der Band widmet sich der biblischen Geschichte hinter dem Osterfest. Die Schüler begleiten Petrus auf seinem Weg mit Jesus und entdecken gemeinsam mit ihm, was das Leben Jesu, sein Tod und seine Auferstehung für das eigene Leben bedeuten. Mit abwechslungsreichen Methoden und liebevollen Illustrationen werden die Inhalte altersgerecht aufbereitet.*

64 S. | 11 005 | ab 14,49 € 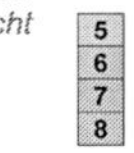 | 5 6 7 8

*Michael Skeries*

### Passion & Auferstehung

**Übersichtlich & sofort einsatzbereit**

*Eine komplett ausgearbeitete Unterrichtssequenz zum Thema „Passion und Auferstehung"! Ausgangspunkt ist die Erzählung der „Emmausjünger" und zweier eigens für diese Unterrichtssequenz angefertigter Gemälde, die mit allen Erzählvorschlägen und Arbeitsblättern in Beziehung stehen. Ein bewegliches Erzählbild zum Basteln rundet das Heft ab.*

36 Seiten | 12 455 | ab 12,49 €  | 5

*Anneli Klipphahn & Sabine Conrad*

### Passions- & Osterspiele

**für Schulgottesdienste**

*In Gemeinden, Gruppen und Schulen werden für Ostern besondere Festgottesdienste geplant. Auch mit wenig Zeit für die Vorbereitung, können einzelne Szenen für sich allein stehen. Darüber hinaus finden Sie Tipps und Schnittmuster für die einfache Herstellung von Kostümen, die auch für andere Anspiele genutzt werden können.*

64 Seiten | 12 205 | ab 13,49 € | 5 6

*Janine Manns & Ulrike Stolz*

### 15 Bildergeschichten für die Osterzeit

*Witzige, ernste, besinnliche und lustige Bildergeschichten ... Mit zusätzlichen methodisch-didaktischen Hinweisen, Ideen, mögliche Inhaltsangaben, Bildimpulse u.v.m.*

36 S. | 12 969 | ab 11,99 €

*Waldemar Mandzel & Ulrike Stolz*

### Die Ostergeschichte mit Bildergeschichten erzählt

*Die Geschichten in Bildern Schritt für Schritt erzählt ... Mit Ideen zum Basteln, Lesen, Malen ...*

64 S. | 11 463 | ab 14,99 € 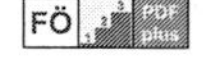

*Sabrina Hinrichs*

### Lesetexte Osterzeit Übungen in 3 Niveaustufen

*Dieser vielseitige Kopiervorlagenband enthält motivierende und jahreszeitbezogene Texte, Geschichten, Dialoge usw. rund um die Osterzeit. Die Lesetexte in drei Nveaustufen fördern die Lesekompetenz der Schüler*innen. Die inhaltlich gleichen Vorlagen sind in den 3 Niveaustufen verfasst und ermöglichen allen Lernenden das ihrem Leistungsvermögen entsprechende Textverstehen. Weitere Übungsaufgaben und Lernzielkontrollen, die sich direkt auf die Lesetexte beziehen, schließen sich an die jeweiligen Lesetexte in verschiedenen Niveaustufen an.*

64 Seiten | 12 809 | ab 14,99 € FÖ

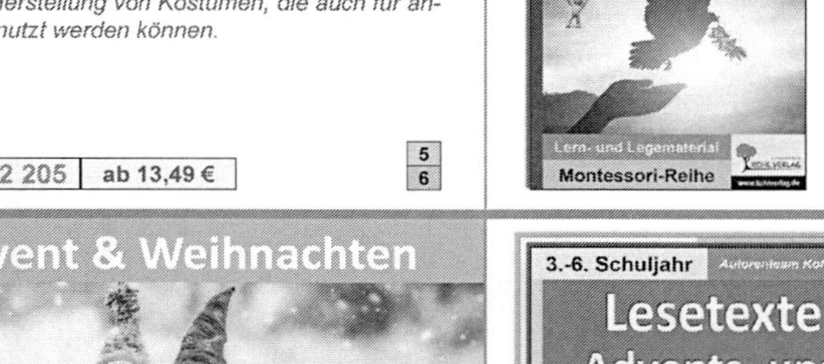

*Anneli Klipphahn*

### Ostern, Pfingsten & Weihnachten

**Die großen christlichen Feste**

*Wunderschönes farbiges Legematerial, bestehend aus einem 12-strahligen Legekreis. Die Kirchenfeste werden anschaulich dargestellt und können so ganz neu erfasst werden. Dieser wunderschöne Legekreis ist ein ECHTER Blickfang für Ihr Klassenzimmer!*

FARBIG | 32 Seiten | 15 054 | ab 14,99 €

## Advent & Weihnachten

Patrick Grasser

### Warum wir Weihnachten feiern

*Der Band bringt die Schüler mit der biblischen Überlieferung des Weihnachtsfestes ins Gespräch. Gemeinsam mit den Hirten erkennen sie, wie die frühe Christengemeinde das Weihnachtsfest verstand und wie sie es auf dem Hintergrund des Alten Testaments deutete. Mit abwechslungsreichen Methoden und liebevollen Illustrationen machen sich die Schüler auf den Weg, ein bekanntes Fest ganz neu zu entdecken.*

64 Seiten | 11 090 | ab 13,49 € | 5 6 7 8

### Adventskalender zum Vorlesen & Basteln

**Innovativ, kreativ & kurzweilig**

*Die Bände sind wie Adventskalender gestaltet: Im ersten Teil wird zu jedem Tag vom 1. bis zum 24. Dezember eine Begebenheit der Geschichte erzählt. Im zweiten Teil findet sich jeden Tag ein Rätsel, ein Bastelvorschlag, Ausmalbilder oder Informationen zu dem besonderen Tag.*

*Rätselspaß mit Lerneffekt!*

**Der Weihnachtsschneemann:** *Hier wird ein Weihnachtsmärchen von einem ganz besonderen Schneemann erzählt, der allerlei erlebt und die Kinder dabei mit seinen Kurzepisoden Tag für Tag aufs Neue unterhält!*

**Weihnachten im Zwergenland:** *Man sollte denken, im Zwergenland geht es vor Weihnachten friedlich und besinnlich zu. Doch weit gefehlt! Auch hier gibt es manche Überraschung, die nicht auf dem Plan stand: Der Postzwerg hat sich im Schnee verirrt. Paulchen versaut die Weihnachtsplätzchen und Zwergenopa Fritz – ach, lest es selber! Zu allen Tagen im Advent gibt es einen Teil der Geschichte und ein Bastel-, Rätsel-, Rezept- oder Malblatt. So wird die Adventszeit nicht langweilig!*

| | | | | | |
|---|---|---|---|---|---|
| FARBIG | 52 S. | 1 | Der Weihnachtsschneemann | 12 389 | ab 18,99 € |
| | 52 S. | 2 | Weihnachten im Zwergenland | 12 479 | ab 18,99 € |

5

*Autorenteam Kohl-Verlag*

### Lesetexte Advent & Weihnachten

**Übungen in 3 Niveaustufen**

*Motivierende und jahreszeitbezogene Texte, Geschichten, Dialoge usw. rund um den Herbst fördern die Lesekompetenz der Schüler. Die inhaltlich gleichen Vorlagen sind in den 3 Niveaustufen verfasst und ermöglichen allen Lernenden das ihrem Leistungsvermögen entsprechende Textverstehen. Übungsaufgaben und Lernzielkontrollen schließen sich an die jeweiligen Lesetexte in verschiedenen Niveaustufen an.*

| | | | |
|---|---|---|---|
| 48 S. | Winterzeit | 11 734 | ab 13,49 € |
| 64 S. | Advent & Weihnachten | 11 823 | ab 14,49 € |

*Ulrike Stolz & Lynn-Sven Kohl*

### Wir werden Leseprofi!

**Lesetraining in der Weihnachtszeit**

*Warum nicht das Schöne mit dem Nützlichen verbinden? Gerade in der Advents- und Weihnachtszeit bietet es sich an, schöne Weihnachtstexte mit der Kernkompetenz Lesen zu erarbeiten. 20 Lesetexte zur Advents- und Weihnachtszeit zur Steigerung der Lesekompetenz. So wird das flüssige Lesen sowie das sinnerfassende Lesen mit zahlreichen Übungen und ansprechenden Texten mit unterschiedlichen Schwierigkeitsstufen trainiert. Mit Zusatzaufgaben zur Stärkung der Sekundärkompetenzen.*

48 Seiten | 11 453 | ab 11,99 € FÖ INK

*Stefanie Kraus & Jürgen Tille-Koch*

### Stationenlernen Deutsch

**Herbst & Winter**

*Die zahlreichen Stationen sprechen die Bereiche Grammatik, Rechtschreibung, Lesen und Schreiben an. Je nach individuellem Leistungsvermögen können verschiedene Niveaustufen ausgewählt werden. Die Themenbereiche werden wiederholt, vertieft und erarbeitet. Abwechslungsreiche Inhalte speziell zum Thema Herbst und Winter werden durch selbstständiges Lernen erschlossen. Das eigenverantwortliche Tun unterstützt nicht nur die Sprach-, sondern auch die Methodenkompetenz.*

56 Seiten | 11 718 | ab 12,49 €